ars 1902

COLLECTION D'UN AMATEUR

Comte Matheus

LITHOGRAPHIES

DE L'ÉPOQUE ROMANTIQUE

DESSINS, AQUARELLES

ALBUMS

LIVRES ILLUSTRÉS

MARS 1902

Mᵉ Maurice DELESTRE

Commissaire-Priseur

5, Rue Saint-Georges, 5

M. Paul ROBLIN

Marchand d'Estampes

65, Rue Saint-Lazare, 65

EXEMPLAIRE DE M. MATHEUS ELEY

COLLECTION D'UN AMATEUR

LITHOGRAPHIES

DE L'ÉPOQUE ROMANTIQUE

DESSINS

LIVRES ILLUSTRÉS

CATALOGUE

DE LITHOGRAPHIES

DE L'ÉPOQUE ROMANTIQUE (1815-1860)

COSTUMES, CARICATURES, VUES

PORTRAITS

ŒUVRES DE

ADAM, BARYE, BELLANGÉ, R. BONHEUR, BONINGTON, CHAM, CHARLET,
DAUMIER, DECAMPS, DELACROIX, DÉVÉRIA,
GAVARNI, GÉRICAULT, GRANDVILLE, GRÉVEDON, ISABEY, E. LAMI,
MADOU, MONNIER, MOUILLERON,
NANTEUIL, PRUD'HON, RAFFET, ROQUEPLAN, C. et H. VERNET, etc., etc.

DESSINS & AQUARELLES

LIVRES ILLUSTRÉS FRANÇAIS & ANGLAIS

COMPOSANT

La Collection d'un Amateur

DONT LA VENTE AUX ENCHÈRES PUBLIQUES AURA LIEU

Hôtel des Commissaires-Priseurs, rue Drouot, N° 9

SALLE N° 8

Les Lundi 3 et Mardi 4 mars 1902.

A DEUX HEURES.

Par le ministère de M° **MAURICE DELESTRE**, Commissaire-Priseur
5, Rue Saint-Georges, 5

Assisté de M. **PAUL ROBLIN**, Marchand d'Estampes
65, Rue Saint-Lazare, 65

1902

CONDITIONS DE LA VENTE

Elle sera faite au comptant.

Les Acquéreurs paieront *dix pour cent* en sus des prix d'adjudication.

M. Paul Roblin, expert chargé de la vente, se réserve la faculté de diviser ou de rassembler les lots.

Les livres vendus devront être collationnés sur place dans les vingt-quatre heures de l'adjudication. Passé ce délai, ils ne seront repris pour aucune cause.

MM. les Amateurs pourront visiter les estampes et les livres, 65, rue Saint-Lazare, du Lundi 24 au Vendredi 28 février 1902.

ORDRE DES VACATIONS

Lundi 3 mars 1902.	Lithographies. . . .	Nos 1 à 172.
— —	Livres illustrés . . .	Nos 405 à 460.
Mardi 4 mars 1902.	Lithographies. . . .	Nos 173 à 322.
— —	Dessins et aquarelles .	Nos 323 à 404.

DÉSIGNATION

LITHOGRAPHIES

ADAM (Victor).

1. Chevaux de toutes les races et de tous les pays. Suite de vingt lithographies. *Paris, chez Tessari et Cie, s. d.*, in-fol. en larg. cart.

    Belles épreuves imprimées à deux tons, grandes marges (une est plus courte). Mouillures. On y a joint la couverture illustrée.

2. Chevaux de toutes les races et de tous les pays. Six lithographies in-fol. en larg. *Paris, chez Tessari et Cie, s. d.*

    Belles épreuves à toutes marges dans la couverture illustrée de publication.

3. Combat du Taureau. Douze sujets dessinés d'après nature. *Paris, chez Bulla, s. d.*, pet. in-fol. obl., dem.-rel. chag. av. coins.

    Superbes épreuves coloriées du 1er tirage avec la couverture de publication. Rare.

4. Costumes de Marins dessinés dans les ports de Dunkerque et au Hâvre. Suite de douze lithographies in-4. *A Paris, chez Rittner et Arrowsmith, 1828.*

    Très belles épreuves à toutes marges dans la couverture de publication.

5. Costumes Suisses, dessinés d'après les croquis de M. Fohn Suite de seize pièces. *Lithographies de Engelmann*, in-4, dem.-rel. maroq. rouge av. coins.

    Très belles épreuves coloriées. Rare.

ADAM (Victor).

6. Histoire de Napoléon. Suite de douze feuilles à plusieurs sujets. *Paris, publié par Jeannin,* in-fol.

    Très belles épreuves, grandes marges : rare en aussi belle conservation.

7. Macédoine historique de tous les temps et de tous les pays. Suite de un titre-frontispice et douze lithographies in-4 (sujets militaires). *A Paris, chez J. Bulla, s. d.*

    Très belles épreuves, grandes marges, dans la couverture illustrée de publication.

8. Nouvel Abécédaire en Énigmes. Suite de un titre-frontispice et vingt-six lithographies. *Paris, Aubert et Cⁱᵉ, s. d.,* in-4 cart.

    Très belles épreuves coloriées dans le cartonnage de l'Éditeur.

9. Pages historiques de toutes les nations. Suite de douze lithographies in-fol. *A Paris, publié par Desmaisons-Cabasson, s. d.*

    Très belles épreuves à toutes marges, avec les couvertures illustrées de livraisons.

10. Fêtes des environs de Paris. *Publié par Vallet. Paris,* 1830. Suite de un titre et douze lithographies in-4 cart.

    Belles épreuves coloriées.

11. Promenades dans Paris. Suite de douze lithographies en larg. *publiées par Giraldon Bovinet et Cⁱᵉ,* 1830, in-4 cart. avec la couverture illustrée de publication.

    Très belles épreuves coloriées.

12 Panidochème (sic) ou toutes sortes de voitures. Suite de trente-six lithographies, 1828. *Imprimé et publié par Ch. Motte,* dans la couverture illustrée de publication.

    Très belles épreuves coloriées à toutes marges. Suite rare (cinq sont remmargées).

ADRESSES.

13. *Barbier*, confiseur. — *Conin*, peintre. — *Crétaine*, confiseur.
— *Lapeyre*, chapellier. — Ode à Étienne Berger, sujets
militaires et autres. Dix-neuf lithographies.

Belles épreuves.

AFFICHES, DIPLOMES.

14. Affiches de Théâtre, — pour Almanach. — Diplômes. — Brevets.
— Choléra morbus. — Testament de Louis XVI, etc.
Vingt-trois lithographies.

Plusieurs pièces sont rares.

ALOPHE (Menut).

15. *Rossini. — Nadaud. — Rosati. — Vertemberg* (Mlle). —
Emma Livry. — Eug. Doche (Mlle). Six lithographies in-4.
Belles épreuves avant la lettre sur papier de Chine.

AMMONDE (G. D').

16. Soir, retour de chasse. *Imp. en couleur par Jacomme et Cie.*
Belle épreuve, toutes marges.

ANDRIEUX.

17. Souvenirs d'un assiégé 1870-1871. Suite de douze lithographies
in-4 en larg. *Paris, publié par Leconte, imp. Aug. Bry,
s. d.*

Épreuves à toutes marges dans la couverture imprimée de
publication.

ANONYME

18. Rendez-vous de chasse, in-fol. en larg. *Imp. de Lemercier.*

Très belle épreuve avant toutes lettres sur papier de Chine.

ATKINSON.

19. Poet. miser. Virtuoso. Hypochondriac. A set of four pièce coloured. *London, Published by E. and C. M. Lean*, 1824, in-fol.

> Très belles épreuves en couleur à grandes marges dans la couverture de publication. Rare.

AUBRY-LECOMTE.

20. *Sèze* (Le Comte de), in-4.

> Très belle épreuve avant toutes lettres sur papier de Chine, en feuille.

21. Edouard aux pieds de Stellina. — L'Enlèvement de Psyché. — La Vierge. Trois lithographies in-4° d'après P. P. Prud'hon.

> Très belles épreuves, la première est montée en dessin et la seconde sur papier de Chine.

BACLER D'ALBE (Général).

22. Promenades pittoresques et lithographiques dans Paris et ses environs. 1822. *A Sèvres, chez l'auteur. Paris, Engelmann.* In-fol., dem.-maroq. vert, av. coins, n. rog.

> Suite complète de quarante-huit lithographies coloriées, avec la couverture de publication, rare. La planche 15 est remmargée et la planche 31 a un léger raccommodage.

BARYE

23. Tigre couché. — Jeune Axis. Deux lithographies in-8°.

> Très belles épreuves avant la lettre sur papier de Chine, rare.

24. Etude de chats. — Etude de tigre. — Lion de Perse. — Une lionne et ses petits. Quatre lithographies.

> Belles épreuves, marges.

BELLANGÉ (Hippolyte).

25. Album lithographique, 1826. Suite de 12 lithographies in-4°. *A Paris, chez Gihaut.* Dans la couverture imprimée de publication.

> Epreuves sur papier de Chine à toutes marges. On y a joint 5 autres sujets d'albums, ensemble 17 pièces.

BELLANGÉ (Hippolyte).

26. En fourrageurs. — Le billet de logement. Deux lithographies in-4°. 1828.

> Très belles épreuves avec croquis lithographiques sur les marges.

27. Feuilles de croquis gravés à l'eau-forte. 1828. Trois pièces.

> Belles épreuves.

28. Eh bien oui…! Charbonnier est maître chez lui. Lithographie in-fol. 1830.

> Belle épreuve.

BERR

29. L'Amour à Paris, composé et lithographié par Berr. *Paris, Arnauld de Vresse, s. d.,* in-4° cart, dans la couverture illustrée de publication.

> Suite de un titre et vingt lithographies. Belles épreuves du 1er tirage.

BLÉRY (Eugène).

30. Huit eaux-fortes, gravées sur nature. 1845. (H. B. 20-27).

> Belles épreuves sur papier de Chine à toutes marges, dans la couverture de publication.

BERTALL (Alb. d'A).

31. Affiche pour *Les petites misères de la vie conjugale,* par H. de Balzac, in-fol.

> Très belle épreuve.

32. Affiche pour l'*Histoire d'un casse-noisette,* par Alex. Dumas. — Affiche pour *La Bouillie de la comtesse Berthe,* par Alex. Dumas. Deux lithographies in-fol.

> Très belles épreuves.

BODMER (Karl).

33. Retour du Gagnage (D. 85).

> Très belle épreuve du 1er état sur papier de Chine.

BODMER (Karl).

34. Harde de biches, la nuit. — Le repos. — La Croix de saint ·
Hubert. — Trois canards à la file. Quatre belles lithographies.
Très belles épreuves. Deux sont en 1er état.

BONHEUR (Rosa).

35. Trois feuilles de croquis lithographiques rarissimes. 1º Sept
moutons. — 2º Chevaux, moutons, béliers (sept têtes). — 3º
Agneaux (Quatorze têtes) (H. B. 1). *Imprimerie Aug. Bry.*
Superbes épreuves d'essai (pour ses amis seulement), à toutes
marges.

36. Tête de Taureau. — Tête de Génisse. — Tête de Lionne. Trois
pièces (H. B. 3). *Imprimerie Aug. Bry.*
Superbes épreuves d'essai sur papier de Chine à toutes marges.

37. Taureaux espagnols. Lithographie gr. in-fol. en larg. *Imprimerie Aug. Bry.* (H. B. 4)
Très belles épreuves sur papier de Chine, grandes marges.

BONINGTON (R. P.).

38. Rue du Gros Horloge à Rouen 1824 (H. B. 1).
Très belle épreuve sur papier de Chine, grandes marges.

39. Vue générale de l'église de Saint-Gervais et Saint-Protais à
Gisors (2).
Très belle épreuve sur papier de Chine. Marges.

40. Tour aux Archives à Vernon (3). — Pesmes, 1825 (6). — Vue
générale des ruines du château d'Arlay, 1827 (10). — Ruines
du château d'Arlay (11). — Pierre de Vaivre (13). Cinq
lithographies.
Très belles épreuves sur papier de Chine.

41. Tour aux Archives à Vernon (H. B. 3). — Pesmes (6). — Vue
générale de l'église et de l'abbaye de Tournus (7). — Inté-
rieur d'une cour à Beauvais (22). Quatre lithographies.
Belles épreuves.

BONINGTON (R. P.)

42. Tour du Gros Horloge à Evreux (4).

> Très belle épreuve sur papier de Chine, à toutes marges.

43. Vue générale de l'église et de l'abbaye de Tournus. (7).

> Très belle épreuve sur papier de Chine, à toutes marges.

44. Façade de l'église de Brou. (8).

> Très belle épreuve sur papier de Chine, marges.

45. Vue d'une rue des faubourgs de Besançon. (14).

> Très belle épreuve sur papier de Chine, à toutes marges.

46. La Tour du Marché de Bergues. (17). — Château d'Arcourt. (18).
— Maison grande rue Saint-Pierre à Caen. (19). — Maison rue Sainte-Véronique à Beauvais. (22). — Entrée de la salle des Pas-perdus du Palais de Justice de Rouen (24). Cinq lithographies.

> Très belles épreuves sur papier de Chine.

47. Campos sur les bords du Rio dans le Velhas. (28). — Glenfinlas (33). Deux lithographies in-4.

> Belles épreuves, la seconde est sur papier de Chine.

BONINGTON (R. P.), DELAROCHE ET LAMI.

48. The Lithographic Album of Sir Walter Scott, readers, or 12 Sketches by the following, distinguished artists... *London, Published, by Colnaghi and C°*, 1829. Douze lithographies in-4 dans la couverture de publication.

> Très belles épreuves sur papier de Chine.

BONINGTON (d'après Richard Parker).

49. *A Séries of subjects from the Works of the R. P. Bonington.* Titre, portrait et vingt-et-une lithographies par J. D. Harding.

> Belles épreuves sur papier de Chine. On y a joint quatorze lithographies de Bonington, en tout trente-sept pièces.

BOULANGER (Louis).

50. Sultane. (Les Orientales). (H. B. 2). Lithographie in-4.

Très belle épreuve, grandes marges.

BRASCASSAT (Jacques-Raymond).

51. Etudes d'animaux. Suite de six lithographies in-fol. en larg. 1831. (H. B. 2).

Belles épreuves, marges.

52. Taureau et moutons ; eau-forte in-4, en larg.

Très belle épreuve d'artiste rehaussée de gouache, signature et dédicace.

BROWN (John-Lévis).

53. Dragon à cheval. — Cartouche avec militaire, composition pour menu ou frontispice. Deux lithographies in-4. *Imp. par Aug. Bry.*

Très belles épreuves d'essais, une est sur papier de Chine, à toutes marges.

CHAM

54. Ah quel plaisir de voyager ! Suite de un titre-frontispice et vingt lithographies. *A Paris, Maison Martinet, s. d.,* in-4 br.

Très belles épreuves de 1er tirage dans la couverture illustrée de publication.

55. En Italie. Album de trente lithographies in-4. *En vente au bureau du Charivari, s. d ,* br., couverture illustrée.

Belles épreuves du 1er tirage.

56. Fantasias. Album de un titre-frontispice et trente lithographies. *En vente au bureau du Charivari,* in-4 br.

Belles épreuves du 1er tirage dans la couverture illustrée de publication.

CHAM

57. Nos Gentilshommes, goût, tournure, élégance. Mœurs et plaisirs
de la jeunesse dorée. Suite de un titre-frontispice et vingt
lithographies. *A Paris, chez Aubert, s. d.,* in-4 cart.

> Très belles épreuves coloriées, dans le cartonnage de publication.

58. Souvenirs charivariques de Spa. Suite de quinze lithographies
in-4 cart.

> Très belles épreuves coloriées, marges.

59. Les Zouaves. Suite de un titre-frontispice et trente lithographies.
En vente au bureau du Charivari, s. d., in-4 br.

> Belles épreuves du 1er tirage, dans la couverture illustrée de
> publication.

CHAM, DAUMIER, VERNIER

60. Au bivouac, croquis militaires. Suite de un titre-frontispice et
trente lithographies. *En vente au bureau du Charivari,*
in-4 br.

> Belles épreuves du 1er tirage, dans la couverture illustrée de
> publication.

CHARLES

61. Pauline (Mme). Actrice in-fol., d'après Grévedon.

> Très belle épreuve avant toutes lettres, grandes marges.

CHARLET (Nicolas-Toussaint)

62. Napoléon à Iéna (L. C. 10). — Napoléon à cheval et lorgnant
(824). Deux lithographies in-4 et in-fol.

> Très belles épreuves, marges.

63. Cuirassiers chargeant (31 R.). *Chez Lasteyrie.*

> Très belle épreuve.

64. La Bienvenue (35 R.). *Chez Lasteyrie.*

> Très belle épreuve, grandes marges.

CHARLET (Nicolas-Toussaint).

65.   Le Grenadier de Waterloo (38 R.). *Chez Lasteyrie.*
Très belle épreuve.

66.   Le Drapeau défendu (42 R.). *Chez Lasteyrie.*
Très belle épreuve.

67.   La Mort du cuirassier (44 RR.). *Chez Lasteyrie.*
Très belle épreuve, grandes marges.

68.   — La même pièce.
Très belle épreuve, marges.

69.   Le Grenadier manchot (51 RRR.). *Chez Lasteyrie.*
Très belle épreuve, grandes marges.

70.   Le Soldat Français (74 RR.).
Très belle épreuve, marges.

71.   Le Marchand de dessins lithographiques (85 R.).
Belle épreuve à toutes marges.

72.   L'Aumône (87 R.).
Très belle épreuve du 1er état avant la lettre, grandes marges

73.   Jeune Soldat se découvrant devant un invalide (88 RR.). — Les
Pénibles adieux (92 R.). — Toi !... Oui moi...! (95 RR.).
Trois pièces.
Très belles épreuves, marges.

74.   Le Tambour-major de la Garde. — Grenadiers au combat. Deux
lithographies in-4. *Imp. chez Engelmann.*
Très belles épreuves à toutes marges.

75.   Siège de Saint-Jean-d'Acre (107 R.). — Même sujet avec varian-
tes (108 RRR.). Deux pièces.
Très belles épreuves.

CHARLET (Nicolas-Toussaint).

76. Grenadier de la garde impériale (116 R.). — Dragon de la
garde impériale (120 R.). — Cuirassier à pied (121 R.).
Trois costumes militaires. In-4°, *chez Lasteyrie.*

   Très belles épreuves, grandes marges.

77. Infanterie légère française. Carabinier. (204). — Infanterie
légère française. Voltigeur. (205). Deux costumes d'Infanterie. *Villain*, 1822.

   Très belles épreuves, grandes marges.

78. Le laboureur nourrit le soldat, le soldat défend le laboureur !
(298). — Le premier coup de feu. (299). — Le second coup
de feu. (300). — Au commandement de pas d'observations !
(310). Quatre pièces in-fol. en larg.

   Belles épreuves.

79. 5 Mai ! La Prière du vieux soldat. (Anniversaire de la mort de
Napoléon, 1821). (358). — Le même sujet, 1re idée. (359
RRR.). Deux pièces.

   Très belles épreuves.

80. 5 Mai ! La Prière du vieux soldat. (Anniversaire de la mort de
Napoléon, 1821) (358). — 15 Août ! Nobles souvenirs. (Anniversaire de la fête de Napoléon) (360). Deux lithographies
in-4.

   Très belles épreuves d'essai avant toutes lettres, en feuilles.

81. Le Fort Saint-Laurent enlevé par les grenadiers du 65e (813).

   Très belle épreuve tirée sur papier de Chine, grand format.
   Rare.

82. Album de 1834. Suite de un sujet sur le titre et dix-huit lithographies in-4 (820-839), cart.

   Très belles épreuves, grandes marges.

CHAUVEL (Théophile).

83. Le Chemin creux d'après R. P. Bonington, in-4 en larg. (L.
Delteil 101).

   Très belle épreuve remmargée.

CICÉRI (Eugène).

84.   Le Mont Saint-Michel Plans et vues. Vingt-huit pièces gr. in-4.
Belles épreuves.

CRUIKSHANK (Georges).

85.   My sketch book. *London, Published for the Artist por Ch.
Till, s. d.,* trois album in-8 ob. br. Couvertures illustrées.
Très belles épreuves coloriées du premier tirage, rare.

86.   Scraps and Sketches. Suite de vingt-quatre planches de caricatures gravées à l'eau-forte. 1828-1832, in-4 en larg., cart.
de l'éditeur.
Très belles épreuves coloriées, rare.

DARJON.

87.   Les Plaisirs de Baden. Suite de un titre-frontispice et trente
lithographies. *En vente au bureau du Charivari,* in-4 br.
Belles épreuves du 1er tirage, dans la couverture illustrée de
publication.

DAUMIER (H.).

88.   Le Ventre législatif (H. B. 3.).
Superbe épreuve, marges.

89.   Très hauts et puissants moutards et moutardes légitimes (3 *bis*).
Très belle épreuve, marges.

90.   Ne vous y frottez pas (4).
Très belle épreuve avec marges.

91.   Enfoncé Lafayette !... Attrape mon vieux (5).
Superbe épreuve, petites marges.

92.   Rue Transnonain le 15 avril 1834 (6).
Superbe épreuve avec marges.

DAUMIER (H.).

93. *Musard*, in-4.

Belle épreuve avant toutes lettres.

94. Album des charges du jour. Suite de un titre-frontispice et trente lithographies. *En vente au bureau du Charivari,* s. d., in-4 br.

Belles épreuves du 1er tirage dans la couverture illustrée de publication.

DAUMIER et VERNIER.

95. Ces bons Autrichiens. Album de un titre-frontispice et vingt-huit lithographies. *En vente au bureau du Charivari,* s. d., in-4 obl. br., couverture illustrée.

Belles épreuves du 1er tirage.

DAVID (Jules).

96. Sagesse et Inconduite. Album moral représentant en action les suites de la bonne et de la mauvaise conduite chez les femmes. Douze lithographies in-fol. en larg. *A Paris, chez Jeannin, s. d.*

Belles épreuves à toutes marges dans la couverture illustrée de publication.

97. Vice et Vertu. Album moral représentant en action les suites inévitables de la bonne et de la mauvaise conduite. Douze lithographies in-fol. en larg., cart. *A Paris chez Jeannin,* s. d.

Belles épreuves à toutes marges avec la couverture illustrée de publication.

98. — La même collection.

Très belles épreuves à toutes marges avec la couverture illustrée de publication.

99. Recueil de soixante-dix-huit lithographies de divers genres, et de différents albums ; in-4 oblong, cart.

Très belles épreuves, la plupart avant la lettre et sur papier de Chine, grandes marges. (De la collection de M. E. Bocher).

DECAMPS (Al. Gab).

100. Le Gardeur de porcs. (Ad. M. 18) 3e état. — Village de Turquie
(19) 3e état). Deux eaux-fortes.

> Belles épreuves, la seconde est sur papier de Chine.

101. Sujets de chasse : Le chenil (Ad. M. 26). — Retour de la
chasse. (28). — L'Escalade (29). — Chasse au furet et à
blanc (30). — Chasse au loup (31). — Enfants effrayés par
une chienne (32). — Le chenil (33). Sept lithographies in-4
en larg.

> Très belles épreuves sur papier de Chine, trois sont en dou-
> ble : ensemble dix pièces.

102. Croquis, 1830. Suite de douze lithographies *publiée par Gihaut
frères, s. d.* (Ad. M. 36-47). Kiosque au bord d'une riviè-
re (34). — Halte d'une caravane (35). Ensemble quatorze
lithographies réunies en album in-4 obl., cart. toile.

> Très belles épreuves avec la couverture de publication.

DECAMPS ET ROQUEPLAN

103. Album lyrique 1830. Suite de douze lithographies in-8.

> Très belles épreuves du 1er état avant le texte des Roman-
> ces. On y a joint deux pièces du 2e état, ensemble 14 pièces.

DECOMBEROUSSE (Lith. de)

104. *Adams* (John). — *Jackson* (And.) — *Lafayette* (Le Gal). —
Washington (G.). Cinq portraits in-8 et in-4.

> Epreuves avec marges.

105. In Congress, July 4th 1776. The unanimous déclaration of
the thirteen United States of América. Placard in-fol. avec
treize pièces en médaillons et les portraits de Washington,
Adams et Jefferson.

> Epreuve à toutes marges.

106. — La même pièce.

> Epreuve à toutes marges. Sans l'adresse du lithographe,

DECOMBEROUSSE (Lith. de).

107. — La même pièce, l'en-tête seul comprenant les trois portraits.

Epreuve à toutes marges.

DELACROIX (Eugène)

108. Le Kaïd Mohammed-Ben-Abou dans sa tente (Ad. Moreau 14 : 2ᵉ état). — Tigre couché dans le désert (16). — Lionne déchirant de ses ongles la poitrine d'un Arabe (17). — Un homme d'armes (18). — Une juive d'Alger (19). — Etude de femme vue de dos (20). — Un Seigneur du temps de François 1ᵉʳ (22). — Arabes d'Oran (23). Huit eaux-fortes.

Belles épreuves.

109. Goetz de Berlichingen écrivant ses Mémoires (22). — Frère Martin serrant la main de fer de Goetz. (23). Deux lithographies in-4.

Très belles épreuves du 2ᵉ état, à toutes marges.

110. Weislingen attaqué par les gens de Goetz. (25).

Deux belles épreuves à toutes marges dont une d'essai, avant les travaux dans le ciel et avant le nom de Bertauts.

111. Weislingen prisonnier de Goetz. (26. R.R.).

Superbe épreuve du 1ᵉʳ état, avec deux croquis sur les marges.

112. Feuilles de médailles antiques. Cinq lithographies. (30 à 34).

Epreuves sur papier de Chine.

113. Lion de l'Atlas. (42). — Tigre Royal. (43). Deux lithographies in-fol. en larg.

Superbes épreuves de la plus grande fraîcheur, la deuxième est d'un état non décrit, entre le premier et le deuxième, elle ne porte aucune adresse d'imprimeur ni d'éditeur : très rare.

114. Cheval effrayé sortant de l'eau. (39 2ᵉ état). — La sœur de Duguesclin (46. 2ᵉ état). — Duguesclin à cheval. (47. 2ᵉ état). Trois lithographies.

Epreuves sur papier de Chine.

DELACROIX (Eugène).

115.   Jeune tigre jouant avec sa mère. (49).
> Très belle épreuve du 2e état. *Lith. de Castille.*

116.   Hamlet. Treize sujets dessinés et lithographiés par Eug. Delacroix. *A Paris, chez Gihaut frères* (76-88).
> Belles épreuves sur blanc du tirage originaire, avec la couverture de publication.

DELACROIX (d'après Eug.).

117.   Le Christ au jardin des Oliviers, eau-forte par Fred. Villot, 1845, (34).
> Belle épreuve avant la lettre sur papier de Chine.

118.   Le Christ au Tombeau. Lithogr. de J. Laurens.
> Belle épreuve.

119.   Daniel dans la fosse aux lions. Lithographie in-4 de J. Laurens.
> Très belle épreuve d'essai sur papier de Chine avant toutes lettres, à toutes marges.

DELARUE.

120.   Tableau de Paris, costumes, habitudes et usages des habitants de la capitale, dessinés d'après nature. Suite de six lithographies en larg. 1827, in-4 cart.
> Très belles épreuves coloriées, grandes marges.

DESPORTES (Lith. de).

121.   Fleurs et fruits, 1839. Vingt-trois pièces en différents états de tirage.
> Epreuves noires et coloriées.

DETAILLE (Edouard).

122.   Cuirassiers en marche. Lithographie in-4 en larg. avec de nombreux croquis sur les marges. *De l'imprimerie Aug. Bry.*
> Superbe épreuve d'essai sur papier de Chine à toutes marges.

DETAILLE (Edouard)

123. Artilleur. — Cavalier bavarois. Deux lithographies in-4.
Imprimées par Aug. Bry.

Très belles épreuves d'essai avec croquis sur les marges.

DÉVERIA (Achille).

124. *Déveria* (Achille). Lithographié par lui-même, in-fol. (H. B. 1.)

Très belle épreuve sur papier de Chine.

125. *Léopold*, prince-souverain de Grèce (depuis roi des Belges)
(7). — La reine des Belges, 1832 (7 bis). Deux lithographies.

Belles épreuves, marges.

126 *Amigo* (Mlle) (10). — *Falcon* (Mlle Cornélie) (72). Deux
lithographies in-fol.

Très belles épreuves.

127. La Contemporaine (Mme Ida Saint-Elme), 1833 (13).

Très belle épreuve sur papier de Chine.

128. *Dumas* (Alexandre) en buste (17).

Très belle épreuve sur papier de Chine, marges.

129. *Grisi* (Juliette et Judith) du Théâtre Royal Italien, 1833 (21).

Très belle épreuve, marges.

130. *Hertz* (Henri), pianiste, 1832 (23).

Très belle épreuve sur papier de Chine, à toutes marges.

131. *Hugo* (Victor) 1829, en buste. (24).

Très belle épreuve sur papier de Chine, toutes marges.

132. *Julia* (Mlle), Première danseuse de l'Académie Royale de musique. (25). — *Falcon* (Mlle Cornélie), de l'Académie Royale
de musique. (72). Deux lithographies in-fol.

Très belles épreuves coloriées.

DÉVERIA (Achille).

133. *Lamartine* en buste (27). — *Vigny* (Alfred de) (39). Deux lithographies in 4.

   Très belles épreuves à toutes marges, une est sur papier de Chine.

134. *Litzt,* pianiste (29). — *Roqueplan* (Camille) peintre (32). Deux lithographies.

   Très belles épreuves, la seconde est sur papier de Chine.

135. *Noël* (Léon), lithographe. (30).

   Très belle épreuve.

136. *Joséphine Rose Tascher de la Pagerie Bonaparte,* d'après Isabey, in-fol. (49).

   Très belle épreuve, marges.

137. *Dittmer* (Gustave), agent de change (255).

   Superbe épreuve sur papier de Chine avant la lettre.

138. *Dumas* (A. A. A.), fondateur de l'Ecole de notariat de Niort. — *Elssler* (Fanny). — A la mémoire de la Princesse Marie. — Dame Espagnole. Quatre lithographies in-4 et in-fol.

   Belles épreuves, une est coloriée.

139. Walter Scott. Scènes du château de Kenilworth. Suite de six lithographies in-fol. *A Paris chez Bulla, s. d.*

   Très belles épreuves coloriées à toutes marges, dans la couverture illustrée de publication.

DÉVERIA (E. et A.).

140. Mauprat. Roman de George Sand. Suite de 6 lithographies in-fol. *Imprimerie de C. Motte, s. d.*

   Très belles épreuves à toutes marges, dans la couverture illustrée de publication.

DIAZ (Narcisse).

141. Les Fous amoureux (2 ép.). — Les Folles amoureuses. — Les
Maléfices de la beauté. — La Mort de Peur. — Les Joies
du mensonge. — Les Larmes du veuvage. Sept lithographies
in-4 publiées dans l'*Artiste*.

> Belles épreuves, une est avant toutes lettres.

DIAZ (d'après N.).

142. Sujets variés et paysages. Dix lithographies par Mouilleron et
Célestin Nanteuil.

> Très belles épreuves.

DORÉ (Gustave).

143. Bal de la mi-carême. — Combats et Batailles entre Français,
Anglais, Russes et Indiens. Cinq lithographies in-fol. en
larg.

> Très belles épreuves avant la lettre sur papier de Chine,
> grandes marges.

144. Les différents publics de Paris. Suite de un titre-frontispice et
vingt lithographies. *Paris, au bureau du Journal Amu-
sant, s. d.*, in-4 cart.

> Très belles épreuves coloriées du 1er tirage, très rare.

145. Des-Agréments d'un voyage d'agrément. Suite de un titre-
frontispice et vingt-quatre lithographies. *Paris, Arnaud
de Vresse, s. d.*, in-4 cart.

> Belles épreuves du premier tirage, marges.

DRANER, LADREY et FABRITZINE

146. Types militaires : Recueil contenant seize lithographies et
23 dessins originaux en couleur. In-4, cart. toile, t. dor.

> Très bel album de charges militaires de tous les pays.

DUPRÉ (Jules).

147. Vue prise à Alençon (H. B. 1). — Pacages du Limousin (2).
— Moulins de la Sologne (3). — Vue prise en Normandie
(4). — Vue prise dans le port de Plymouth (5). — Vue
prise en Angleterre (6). — Bords de la Somme (7). Sept
lithographies publiées dans l'*Artiste*.

> Belles épreuves, marges.

EMY (Henry).

148. Les Gaietés parisiennes. Album comique. *Paris, Hautecœur*,
s. d., in-4, cart. de l'éditeur.

> Suite de vingt-cinq lithographies coloriées. Belles épreuves
> du 1er tirage.

FEUCHÈRE (Jean).

149. Célébrités, 1834, titre-frontispice in-4 en larg. *Lith. de Ch.
Motte.*

> Belle épreuve sur papier de Chine.

FIELDING (Newton).

150. Etudes d'animaux. Sujets tirés des Fables de Lafontaine.
Suite de douze lithographies en larg. *A Paris, chez H. Gaugain, s. d. (1830)*, in-4 cart.

> Belles épreuves sur papier de Chine, marges.

FRIDON (C.), née Sattler.

151. *Chambord (Mgr le comte de) enfant, dessiné et lithographié
d'après nature à Kradschin, octobre 1834,* in-fol.

> Très belle épreuve sur papier de Chine, marges.

GATINE (G. J.).

152. Costumes de femmes de divers pays (Hambourg, Tyrol, etc.),
dessinés pour la plupart par Lanté. Suite de cent planches
in-4, 1827. Rel. chag. vert, tr. d. (H. B. 4).

> Superbes épreuves coloriées, exemplaire très frais.

GAVARNI

153. *Abrantès* (Mme la duch. d'). (E. B. 1). 2 ép. — *Monnier*
(Henry) (51). Trois portraits in-4.

> Belles épreuves.

154. Portrait de Gavarni à la cigarette (34).

> Très belle épreuve avant la lettre sur papier de Chine,

155. Portrait de Gavarni au chapeau de paille.

> Très belle épreuve sur papier de Chine.

156. Célébrités contemporaines : *Decamps*. — *Isabey*. — *Napoléon*
(le Prince). Trois lithographies gr. in-4 en pied.

> Très belles épreuves.

157. Gulnare (Portrait de Mlle Waldor) (72).

> Trois épreuves sur papier de Chine dont une du 2e état,

158. Judith (91). — Amour pour amour (93). — La captive (98) —
Fleurs d'Orient (108). Quatre lithographies.

> Belles épreuves, deux sont du 2· état sur papier de Chine.

159. La chanson de Lise (153). — Fleur perdue (208). Deux
lithographies

> Très belles épreuves du 1er état sur papier de Chine.

160. La Jalousie (207).

> Deux épreuves du 1er état dont une avec essais et salissures
> sur les marges. Rare.

161. Les Lutins (143). — La prière (144, 1er état). — Le commen-
taire. (220). — Pépa. (221). — Avenir et souvenir (224).
— La Morte. (1er état). Six lithographies,

> Belles épreuves.

162. Projets de bonheur. (223).

> Deux épreuves dont une de 1er état.

163. A. Higland Piper (1567).

> Très belle épreuve sur papier de Chine.

GAVARNI

164. Impressions de ménage (2ᵉ série). Suite de 30 lithographies in-4 br. (1090-1120).

> Belles épreuves du 1ᵉʳ tirage dans la couverture de publication.

165. Etudes d'enfants. Douze lithographies in-4 (1716-1726).

> Belles épreuves, marges.

166. Les Nuits de Paris : Le Lansquenet (1913). — Le Foyer (1914). Deux lithographies in-fol. en larg.

> Très belles épreuves, grandes marges.

167. Les Parisiens. (1929, 1932, 1936, 1938). Quatre lithographies in-4.

> Très belles épreuves du 1ᵉʳ état avant toutes lettres.

168. Rustic Groups of figures. Suite de six lithographies in-fol. *London, Published by George Rowney*, 1854. (1995-2000).

> Belles épreuves teintées, marges.

169. Les Toquades. Album composé de vingt planches dessinées sur pierre. *Paris, imp. Lemercier et Cⁱᵉ, s. d.* (2029-2048).

> Très belles épreuves avant la lettre sur papier de Chine, à toutes marges avec la couverture de publication.

170. — La même collection.

> Très belles épreuves avant la lettre sur papier de Chine, à grandes marges, avec la couverture de publication.

171. Le Carnaval à Paris. Suite de vingt-quatre lithographies. — Musée Gavarni. Vingt-huit lithographies, 1843. Deux albums in-4, br.

> Belles épreuves dans les couvertures de publication.

172 Affiche pour les Œuvres choisies *A Paris, Lithographie de Villain*, gr. in-fol.

> Très belle épreuve.

GÉRARD-FONTALARD.

173. Histoire d'une épingle. Suite de seize lithographies in-4. *A Paris, chez Osterwald, s. d.,* cart. (H. B. 2).

> Belles épreuves (mouillures).

174. — La même collection.

> Très belles épreuves coloriées à toutes marges. (Manque la planche 14).

GÉRICAULT (Théodore).

175. Bouchers de Rome (Ch. Clément. 1 R. R).

> Superbe épreuve, grandes marges.

176. Les Boxeurs. (9 R. R.).

> Splendide épreuve à toutes marges (collection Lebrun).

177. Chariot chargé de soldats blessés traîné par trois chevaux (10 R.R.).

> Très belle épreuve, marges.

178. Caisson d'artillerie (13 R.R.).

> Superbe épreuve, marges.

179. Le Factionnaire suisse au Louvre (14 R.).

> Très belle épreuve, grandes marges.

180. Trois croquis lithographiques (27). — Couverture pour la suite des études de chevaux (74). Deux lithographies.

> Très belles épreuves.

181. Lion dévorant un cheval (44).

> Belle épreuve sur papier de Chine à toutes marges.

182. Chevaux de ferme. — Hangar d'un maréchal-ferrant. — Boueur et son tombereau. — Cheval mort, effet de neige. Quatre lithographies in-4.

> Belles épreuves sur papier de Chine à toutes marges.

GÉRICAULT ET E. LAMI

183. Mazeppa. — Le Giaour. — La fiancée d'Abydos. — Lara
Suite de quatre lithographies *Publiées par Gihaut en 1823.*
(C. Cl. 92 à 95).

Très belles épreuves sur papier de Chine à toutes marges

GIRODET-TRIOSON

184. *Coupin de la Couperie,* 4 août 1816 (H. B. 1), in-4.
Belle épreuve à toutes marges.

GIROUX (Achille) ET CICERI (Eug).

185. Le Roi Louis-Philippe et sa fille à cheval. — Etude de cavalier. Deux lithographies in-fol. d'après Alfred de Dreux.
Belles épreuves.

GRANDVILLE (J.-J.)

186. Muséum Dantanorama. Suite de douze lithographies par
Grandville, Ramelet et Lependry. *Paris, chez Susse, s. d.,*
in-4, cart. n. rog.

Très belles épreuves du 1er tirage avec la couverture illustrée
de publication.

187. Affiche pour les *Cent proverbes* par Grandville, in-fol. (H.B.20).
Très belle épreuve.

188. Affiche pour *Jérôme Paturot à la recherche d'une position
sociale* pour Louis Reybaud, in-fol. (H. B. 20).
Très belle épreuve.

189. Affiche pour les *Petites misères de la vie humaine* par Old Nick
et Grandville, in-fol. (H. B. 20)
Très belle épreuve.

GRENIER (François)

190.   Douze sujets de chasse à tir, dessinés sur pierre. *Paris, Ch. Motte*, in-4 obl., cart.

> Très belles épreuves sur papier de Chine à toutes marges avec la couverture illustrée de publication. Les planches 11 et 12 sont sur blanc et plus courtes.

GRÈVEDON (Henry).

191.   *Grévedon* (Madame), femme de l'artiste, actrice du Gymnase ; in-4.

> Très belle épreuve sur papier de Chine, toutes marges.

192.   Portrait d'actrice, 1835, in-fol.

> Très belle épreuve avant la lettre sur papier de Chine, grandes marges.

193.   *Bourbier* (Mlle Virginie), 1836. — *Rachel Félix* (Mlle), 1838. Deux lithographies in-fol.

> Très belles épreuves coloriées.

194.   *Dupont* (Mlle). — *Elssler* (Fanny). — *Fay* (Mlle Léontine). *Malibran-Garcia* (Mme). Quatre lithographies in-fol.

> Très belles épreuves sur papier de Chine.

195.   *Falcon* (Cornélie). — *Mars* (Mlle). — *Plessis* (Mlle). — *Sontag* (Mlle). Quatre lithographies in-fol.

> Belles épreuves.

196.   *Noblet* (Mlle) — *Pauline* (Mme) et une autre actrice. Trois lithographies in-4.

> Belles épreuves deux sont sur papier de Chine, dont une avant la lettre, toutes marges.

GROS (Le Baron).

197.   Chef de mamelucks à cheval, appelant au secours (H. B. 1). — Arabes du désert, 1817 (2). Deux lithographies.

> Très belles épreuves; la première est du 1er état, avant toutes lettres.

GUILLEMOT (A.).

198. Falaises de Dieppe. Lithographie in-4 en larg.

Belle épreuve avant la lettre sur papier de Chine.

HANFSTANGL

199. *Senefelder* (Aloys), Erfinder der Lithographie, 1834. Lithographie in-4.

Belle épreuve sur papier de Chine.

HARDING.

200. Harding's Portfolio 1837. *London, Published by Charles Till,* in-4 cart., tr. dor.

Titre et 24 lithographies. Belles épreuves.

HARDIVILLER (Ch. Ach. d').

201. Baptême de S. A. R. M^r le Duc de Bordeaux, 1er mai 1821. *Lithog. de Villain.*

Très belle épreuve en couleur, marges.

HERGUEZ.

202. Salmigondi n° 1. Feuille de grotesques.

Epreuve à toutes marges.

HERVIER (A.).

203. Lithographies artistiques. Composées et dessinées par A. Hervier. *Lithog. de A^g. Bry.* (H. B. 57-70).

Belles épreuves à toutes marges.

HUBER.

204. *Lambton* (Master) d'après Lawrence, ovale in-8. *Chromolithographie de Engelman père et fils, s. d.*

Très belle épreuve en couleur.

HUET (Paul).

205. Six eaux-fortes par Paul Huet. (H. B. 58-64) 1835. 1° Le Héron.
— 2° L'Inondation. — 3° La maison du garde. — 4° Les
deux chaumières. — 5° Le Braconnier. — 6° Un pont en
Auvergne. Sept pièces in-fol. en larg. y compris le titre.

Superbes épreuves sur papier de Chine, à toutes marges, signées à l'encre par le graveur. Rare.

206. Les Sources de Royat, eau-forte gr. in-fol. 1838 (H. B. 65).

Très belle épreuve sur papier de Chine, grandes marges.

HUET (d'après Paul).

207. Souvenirs pittoresques des eaux des Monts d'or, dessinés
d'après nature par Paul Huet et lithographiés par J.
Jacottet. Suite de douze pièces in-fol. *A Paris chez Gihaut.*
S. d.

Épreuves à toutes marges dans la couverture illustrée de
publication.

INGRES (d'après).

208. *Orléans* (S. A. R. le duc d') par Calamatta, in-4.

Belle épreuve sur papier de Chine (mouillures).

ISABEY (J.-B.).

209. Arrivée de Son Altesse Royale le Duc de Bordeaux à Chambord, 1821 (H. B. 3)

Très belle épreuve sur papier de Chine, grandes marges.

210. Voyage en Italie en 1822. Suite de trente lithographies. *A Paris,*
chez Villain. Pet. in-fol. cart. (H. B. 5).

Belles épreuves.

211. *Angoulème* (S. A. R. Madame la Dauphine D^se d') 1824, in 4.
— *Osmond* (Mme la M^ise d') in-8 (H. B. 6). Deux lithographies.

Très belles épreuves.

ISABEY (Eugène).

212. Souvenirs d'Eugène Isabey, 1832. Suite de six lithographies. *A Paris, publié par V. Morlot.* (H. B. 1. 7).

> Très belles épreuves sur papier de Chine, toutes marges, dans la couverture de publication (une épreuve est sur blanc).

213. Six Marines dessinées sur pierre par Eug. Isabey. 2ᵉ cahier, 1833. (H. B. 8-14).

> Très belles épreuves sur papier de Chine dans la couverture illustrée de publication, à toutes marges.

ISABEY (Eug.). ROQUEPLAN (C.).

214. Radoub d'une barque à marée basse. — Sauvetage. Deux lithographies.

> Superbes épreuves sur papier de Chine, marges.

JACOB (N. H).

215. Le Génie des Beaux-Arts encourageant la Lithographie. In-4, *lith. de Langlumé.*

> Epreuve à toutes marges.

JACOB. KELLERHOVEN.

216. *Engelmann (God.). — Senefelder* (Aloys.). Six portraits in-8 et in-4.

> Belles épreuves.

JACOTTET (J.).

217. Souvenirs des eaux de Baden-Baden et ses environs, dessinés d'après nature et lithographiés par J. Jacottet avec figures par A. Bayot. *A Paris, chez Gihaut, s. d* Quarante lithographies in-fol. cart.

> Belles épreuves.

JOHANNOT (Tony).

218. Suite de huit figures in-8 pour les Contes de Charles Nodier. 1845.

> Belles épreuves avant la lettre sur papier de Chine, à toutes marges.

LASSALLE (Émile).

218 *bis.* Le Christ en croix d'après P. P. Prudhon. In-fol. *Impr. par Aug. Bry.*

> Superbe épreuve avant la lettre sur papier de Chine, *avec le bon à tirer.*

LAMI (Eugène).

219. Les Contretemps. Suite de vingt-quatre lithographies in-4 en larg. *Publié en Décembre 1823 et en Janvier 1824 chez Gide fils.* (H. B. 196-219).

> Belles épreuves coloriées, grandes marges.

220. Souvenirs de Londres, 1826. Album de douze lithographies in-4 en larg. *Publié par Lami-Donezan,* avec la couverture illustrée de publication. (220-231).

> Très belles épreuves coloriées, grandes marges.

220 *bis.* La même collection.

> Très belles épreuves coloriées, grandes marges, (petit raccommodage à la pl. 7e).

221. Six quartiers de Paris. (Voitures), suite de un titre et de six lithographies en larg. *A Paris, chez Delpech,* s. d. (254-259), in-4 obl., demi-rel. chag. r.

> Très belles épreuves coloriées, à toutes marges.

222. — La même collection de six lithographies in-4 obl. cart.

> Très belles épreuves coloriées, grandes marges.

223. Tribulations des gens à équipages. Suite de six lithographies in-4 en larg. *Paris, chez Delpech* (272-277), avec la couverture de publication.

> Superbes épreuves à toutes marges. (La 5e est un peu plus courte).

LAMI (Eugène).

224. — La même collection de six lithographies in-4 obl. cart.

Très belles épreuves coloriées, grandes marges.

225. Agréments de la vie de château. Suite de vingt lithographies en larg. *Paris, H. Gache, s. d.* (279-298), in-4 obl., demi-rel. chag., av. coins.

Très belles épreuves coloriées, grandes marges.

226. Souvenirs du camp de Lunéville. Suite de un titre et six lithographies en larg. *Paris, Delpech,* 1829, (299-305), in-4 obl., demi-rel. v.

Très belles épreuves coloriées.

227. Quadrille de Marie-Stuart, 2 mars 1829. Bal de la duchesse de Berry. Album in-fol. de vingt-deux costumes et quatre planches d'entrées et de vues de bal, *1829, Fouroux,* (306-331), in-fol. demi-rel.

Très bel exemplaire, rare. (Collection de la Comtesse de Pastoret).

228. Walking. Lithographie in-4 publié dans l'*Artiste.*

Belle épreuve.

LAMI (Eug.) et MONNIER (Henry)

229. Voyage en Angleterre. Suite de vingt-quatre lithographies in-4 avec texte explicatif. *Paris, publié par Firmin Didot frères et Lami-Donezan,* 1830. Avec les couvertures de livraisons.

Très belles épreuves coloriées à toutes marges. (Exemplaire en parfaite condition).

LEMERCIER (C.)

230. Bouquet de roses et raisin. Peint d'après nature et lithographié en couleur. *Imp. par Aug. Bry.*

Belle épreuve.

LEMUD (A. de)

231. Maître Wolframb, 1838. — Hélène Adelsfreidt, 1843. — Deux lithographies in-fol. en larg. faisant pendants· (H.B.9.17.).

> Belles épreuves du 2ᵉ état avec l'adresse, marges.

LE POITEVIN (Eugène)

232. Feuille de diableries et de silhouettes, in-fol. en largeur.

> Épreuve avant toutes lettres·

LE PRINCE (A. X.)

233. *Chenard*, acteur ; in-4, 1822.

> Belle épreuve,

LITHOGRAPHIES

234. Réunion de deux cents dix-sept lithographies d'après les peintres de 1830 à 1860, reliées en 4 vol. in-fol. demi-rel. chag. v. ébarbé.

> Recueil factice composé de très belles épreuves de choix sur papier de Chine. (Provient de la collection du peintre Michelin).

235. Vues de Normandie, par Léger, Fragonard, Athalin, Villeneuve, Alaux, Théophile, Renoux, Lemaitre, etc. Tirées du *Voyage pittoresque dans l'ancienne France*. Vingt-six pièces in-4.

> Très belles épreuves, la plupart sur papier de Chine.

236. Notice historique sur Senefelder. Notice sur l'art de la lithographie. A la mémoire d'Aloys Senefelder, inventeur de la lithographie. Placard in-fol. avec portrait, modèles et texte explicatif.

237. *Ida Saint Elme. — Marie-Amélie. — Vigée-Lebrun* (Mme). *Isabelle Maria* du Portugal. — *Queralty* (de) — *Foresta* (Mⁱˢᵉ de). — *Durant* (Emma), etc. Treize portraits in-4 et in-fol. par Grevedon, Maurin et autres.

> Belles épreuves, plusieurs sur papier de Chine.

LITHOGRAPHIES

238. Les Eléments, représentés par de jolies femmes. — Education
et retour de Vert-Vert. — Portraits de Napoléon et d'Elisa-
beth Fry, etc. Douze lithographies par Julien, Jacquand et
autres.

> Bonnes épreuves.

239. Femmes d'Alger et cheval sauvage par Delacroix. — Les Toquades de Gavarni. — Métamorphose du Jour, de Grandville. Dix-huit pièces.

> Belles épreuves, une est coloriée.

LOEILLOT (Karl).

240. Histoire de Jeanne d'Arc, 12 sujets. — Le camp de Wallens-
tein, 12 sujets. Ensemble vingt-quatre lithographies gr.
in-4 en larg., cart.

> Belles épreuves (mouillures).

MADOU (J.-B.).

241. Album de douze sujets. Vues de Bruxelles et de ses environs.
A Paris, Rue Saint-Honoré, s. d., in-4 cart.

> Très belles épreuves coloriées, grandes marges.

242. Etrennes pour 1833. Suite de douze lithographies in-4. *A
Paris, chez Motte, s. d.*

> Très belles épreuves coloriées sur papier de Chine, dans la
> couverture de publication.

243. Les Jeux. XII dessins lithographiques pour 1833. *Publié et
imprimé par Ch. Motte,* in-4 cart., avec la couverture
illustrée de publication.

> Belles épreuves coloriées, grandes marges.

MAUROU (Paul).

244. L'Age de Pierre, d'apres F. Cormon, 1883. Lithographie
in-fol. en larg.

> Belle épreuve d'état sur papier de Chine, avec remarque.
> Signée par les artistes.

MIDOLLE (Jean)

245. Œuvres de Jean Midolle, gravées sur pierre et publiées *à la lithographie d'Emile Simon fils, Strasbourg, s. d.* Dix-neuf pièces dans la couverture illustrée de publication.

> Epreuves en noir et coloriées.

MONNIER (Henry).

246. Le Temps, sa brièveté, sa longueur, sa fuite, son cortège, ses bienfaits et ses ravages. Suite de neuf lithographies in-8 à claire-voie. (H. B. 286-295). *Paris, Giraldon Bovinet,* 1828, cart.

> Très belles épreuves coloriées, marges.

247. Les Grisettes, dessinées d'après nature par Henry Monnier. Suite de douze lithographies in-8 à claire-voie, publiées chez *Gaugain, Ardit et Cie* (316-328), avec la couverture illustrée de publication.

> Très belles épreuves coloriées. marges.

248. — La couverture seule.

> Très belle épreuve coloriée, à toutes marges.

249. Les Grisettes. Suite de un titre et six lithographies en larg. *Delpech*, 1829. (371-376), in-4 obl., cart. toile.

> Très belles épreuves coloriés, à toutes marges.

250. Boutiques de Paris. Suite de six lithographies, in-4 en larg. (426-431).

> Très belles épreuves coloriées, marges.

251. Six quartiers de Paris. Suite de un titre et six lithographies, in-4 en larg. *Paris, Delpech,* 1828. (432-438), avec la couverture illustrée de publication.

> Très belles épreuves coloriées, grandes marges.

252. Jadis et Aujourd'hui. Titre et dix-huit lithographies, in-4 en larg. *Paris, Delpech, s. d.* (1829). (444-462).

> Très belles épreuves coloriées, à toutes marges

MONNIER (Henry).

253. Boutades. Suite de un titre et six lithographies, in-4. *Paris, Delpech, s. d.* (481-487).

Très belles épreuves coloriées, grandes marges.

254. Maximes et pensées, types dessinés sur papier Bry, in-4. Quatre lithographies.

Belles épreuves d'essais, marges.

MOUTHELIER et **TIRPENNE**

255. Souvenirs et croquis de Dieppe et ses environs, par Mouthelier et Tirpenne, figures par V. Adam. Suite de vingt-six lithographies. *A Paris, chez Tirpenne, s. d.*, in-fol.

Belles épreuves du 1ᵉʳ tirage, grandes marges avec titre et texte.

MOUILLERON (Adolphe).

256. L'Ecu de France, d'après Isabey, in-fol.

Belle épreuve.

257. Titres de romances. Quatre lithographies, in-4.

Très belles épreuves d'essais, dont une avant la lettre, sur papier de Chine.

258. Lithographies d'après Glaize, Coignet, Leleux, Aze, Robert-Fleury, Riesener, Coignet, Decamps, Jules Dupré, etc. Dix-huit pièces in-4.

Belles épreuves.

NANTEUIL (Célestin).

259. Lucrèce Borgia. Renduel, 1833. Eau-forte. (H. B. 5).

Très belle épreuve sur papier de Chine, à toutes marges.

260. Marie Tudor, 1833 (6). — Fête de nuit (27). — Le monde dramatique. Tome 1ᵉʳ (28). — Dina la belle Juive, 1833 (41).—Don Juan de Marana (48). Cinq pièces à l'eau-forte.

Belles épreuves, une est sur papier de Chine.

NANTEUIL (Célestin).

261. Décors pour le bal d'Alexandre Dumas, 1833. Eau-forte
in-4 (20).

    Très belle épreuve sur papier de Chine, à toutes marges.

262. *Hugo* (Mme Victor), d'après L. Boulanger. In-8, 1839, eau-
forte (62).

    Très belle épreuve.

263. Groupe de parias. — Portrait de J. de Lafontaine. — L'esclave.
L'an mil, de Grisar. — Portrait de Célestin Nanteuil dans
son atelier. — La délivrance ou la mort du prolétaire. —
Affiche pour la *Revue anecdotique.* Sept lithographies, in-4
et in-fol.

    Belles épreuves, trois sont avant la lettre, sur papier de Chine.

264. Sujets variés d'après Decamps, Chardin, Knaus, Leleux,
Couture, Jendron, Maréchal, Isabey, Jadin, Ph. Rousseau,
Chaplin, etc. Vingt-trois lithographies, in-4.

    Belles épreuves.

265. Le Saphir, affiche illustrée.

    Très belle épreuve.

266. Titres de romances et de chants d'autrefois. Treize lithographies, in-4.

    Belles épreuves, la plupart avant la lettre, sur papier de Chine.

NOEL (Léon),

267. *Clausel de Montals* (Mgr Cl. Hyp.), évêque de Chartres,
d'après V. de Limoclan. In-fol.

    Deux épreuves, dont une sur papier de Chine.

268. La Cinquantaine, d'après Duval-le-Camus Lithographie in-fol.

    Epreuves sur papier de Chine.

NOGUÈS (Alex.).

269.   Portrait d'homme, in-8, 1835.

Deux épreuves, dont une sur papier de Chine.

PAUQUET (Louis).

270.   Modes et costumes historiques, dessinés et gravés d'après les meilleurs maîtres de chaque époque et les documents les plus authentiques. *Paris, Pincebourde, s. d.* Recueil de quatre-vingt-seize planches, in-4, dem.-rel. mar., avec c. ébarbé.

Très belles épreuves coloriées, avec le titre, à toutes marges.

PIGAL (Edme-Jean).

271.   Les Proverbes. Soixante-six lithographies in-4, numérotées 1 à 66.

Belles épreuves coloriées, marges (manque les nos 44, 45, 47, 55, 57, 59). Quatre nos doubles, ensemble soixante-quatre pièces.

272.   Vie d'un gamin, en douze chapitres. *A Paris, chez Gihaut, s. d.* Suite de douze lithographies in-4 en larg., cart. (H. B. 4).

Très belles épreuves coloriées, à toutes marges.

PRUDHON (P. P.).

273.   L'Enfant au chien. (Le fils de Gouvion Saint-Cyr).

Très belle épreuve du 2e état, sur papier de Chine, à grandes marges.

PRUDHON (d'après P. P.).

274.   *Mayer* (Mlle). — Les Vendanges. — L'étude guide l'essor du génie. Trois pièces par Sirouy et Aubry-Lecomte.

Belles épreuves, la première est avant la lettre, signée par l'artiste.

RAFFET (Auguste).

275.   La Communion des Grecs à Missolonghi (Giacomelli 53 R.), in-fol. en larg.

Belle épreuve, marges.

RAFFET (Auguste).

276. Allocution devant Augsbourg (62 R.). 1er tirage avec l'aigle surmontant le drapeau. — Waterloo. Epreuve avant la lettre et avant le filet d'encadrement (63 R.). Deux pièces faisant pendants, gr. in-fol. en larg.

   Très belles épreuves, à toutes marges.

277. La Poste Royale. Exercice nouveau exécuté pour la première fois au cirque Olympique, par M. Paul L. (Lalanne) (65 R.) in-fol. en larg.

   Très belle épreuve, grandes marges.

278. Combat d'Oued-Alleg (82).

   Superbe épreuve du 1er tirage, avant le numéro dans le haut à droite, et tirée sur Chine court., grandes marges. (Exemplaire de la plus grande fraîcheur).

279. Le Rêve (86). Belle épreuve du 1er Etat avant le titre.

280. Affiche pour le *Compagnon du Tour de France*, par George Sand (123 R.).

   Très belle épreuve, tirée avec cache-lettre.

281. Affiche pour l'histoire de l'Algérie ancienne et moderne. Lithographie in-4 en larg. (125 R.).

   Belle épreuve sur papier teinté.

282. Infanterie polonaise marchant à l'ennemi (1813). (161).

   Belle épreuve.

283. Drapeaux français. Aigles. 10 mai 1852 (168-169 RR). Deux pièces.

   Très belles épreuves imprimées en couleur, sur ton rehaussé.

284. Gendarmes faites feu ! (73). — Barricade de la rue Saint-Antoine (74). — Tirez sur les chefs... (75). — Je veux tuer un des soldats de Polignac ! (76). — Archevêques, diacres, curés (128). — Gare les albums (283). — Je n' tire pas ! (341). — Vive la ligne ! (346). — Les munitionnaires du 28 juillet (349), 2 ép. — A mort pour la liberté (350), 2 ép. — Couverture de l'album de 1834 (377). Treize lithographies.

   Belles épreuves.

RAFFET (Auguste).

285. Album 1829, 2e série : Huit feuilles de croquis lithographiques. (317-324).

Très belles épreuves du 1er tirage sur papier de Chine.

286 Album de 1830 : Frontispice et douze lithographies, in-4 (325-337).

Très belles épreuves du 1er tirage, grandes marges.

287. Album de 1831 : Frontispice et douze lithographies, in-4. (338-350).

Très belles épreuves du 1er tirage, grandes marges (une est plus courte).

288. Album de 1832 : Frontispice et douze lithographies, in 4. (351-363).

Très belles épreuves du 1er tirage, grandes marges.

289. Album de 1833 : Suite de douze lithographies, in-4. (365-376).

Très belles épreuves du 1er tirage. Grandes marges (une est plus courte).

290 Album de 1834 : Frontispice et douze lithographies, in-4 (377-390).

Très belles épreuves du 1er tirage, grandes marges (deux sont plus courtes).

291. Album de 1835 : Suite de douze lithographies, in-4 (391-402).

Très belles épreuves du 1er tirage, grandes marges (une est plus courte).

292. Album de 1836 : Frontispice et douze lithographies, in-4 (403-416).

Très belles épreuves du 1er tirage, grandes marges.

293 Album de 1837 : Frontispice et douze lithographies, in-4 (417-429).

Très belles épreuves du 1er tirage, grandes marges (deux sont plus courtes).

RAFFET (Auguste)

294. Albums lithographiques de 1830 à 1837. Collection complète de cent quatre lithographies, y compris les titres-frontispices réunis en deux albums, in-4 obl., dem.-rel. mar. v., av. coins, ébarbés (325-429).

> Très belles épreuves du 1er tirage. Collection bien régulière comme marges.

295. Marche d'une division (352). — La Poursuite (353). — Vive la République (357). — Mon Empereur, c'est la plus cuite (359). — Un fameux diplomate a dit (360). — Fidèle comme un Polonais (371). — Charge de hussards républicains (374). Représentant du peuple (379). — Il est défendu de fumer (385). — Pauvres enfants ! (387). — 13 vendémiaire (391). Abordez l'ennemi franchement... (396). — L'ordre du jour (398). — Le représentant a dit (401). — De quoi vous plaignez-vous (407). — O ! Hussard, les pièges sont connus (408). — L'ennemi ne se doute pas que nous sommes là (411). — Le Terme (416). — Nous civiliserons ces gaillards-là (422). — A ce jeu-là on n'attrape que des coups (427). Vingt lithographies réun.es en album in-4 obl., cart. toile.

> Très belles épreuves coloriées, grandes marges.

296. Titre-frontispice de l'album de 1830 (325). — Le Bal (327). — Waterloo (329). — Vive la ligne (349). — Mon Empereur, c'est la plus cuite (359). Cinq lithographies.

> Très rares épreuves du 1er tirage sur papier jonquille. Marges.

297. 13 Vendémiaire, St-Roch, 1795 (391). — Italie, 1796 (410). Deux lithographies.

> Superbes épreuves sur papier de Chine, à toutes marges.

298. Secourez la vivandière ! (392). — La dernière charrette (393). Carré enfoncé (399). — Bonaparte, général en chef de l'armée d'Egypte (400). — Demi-bataillon de gauche (418). Cinq lithographies.

> Très belles épreuves du 1er tirage. Marges.

RAFFET (Auguste).

299.   Retraite de Constantine. Suite de six lithographies, in-4. (536-542). — Prise de Constantine. Suite de douze lithographies, in 4. (543-556). Ensemble dix-huit pièces.

> Très belles épreuves du 1er tirage sur papier de Chine appliqué, à toutes marges, dans les couvertures illustrées de publication.

300.   Retraite de Constantine. Suite de six lithographies in-4 (536-542).

> Très belles épreuves du 1er tirage sur papier de Chine, à toutes marges.

301.   Prise de Constantine. Suite de douze lithographies in-4 (543-556).

> Très belles épreuves du 1er tirage sur papier de Chine à toutes marges, dans la couverture illustrée de publication.

302.   Souvenirs d'Italie. Expédition et siège de Rome. Suite de trente-six lithographies. *Paris, Gihaut frères, 1849* (557-593), in-fol., demi-rel., chag. rouge ébarbé.

> Très belles épreuves du 1er tirage sur papier de Chine, d'une parfaite égalité de tirage, rare.

303.   Jeune fille tatare (776. RR.). Lithographie exécutée par la Princesse Mathilde, signée M. D. et retouchée par Raffet.

> Très belle épreuve sur papier de Chine à toutes marges.

304.   Cinq mai ! — Le défilé nocturne — Le cri de Waterloo. Trois projets de tableaux esquissés à la plume, fac-similés par Émile Bry (780-781-782).

> Belles épreuves, à toutes marges.

RANDON (Gilbert)

305.   La vie de troupier, charges et fantaisies à pied, à cheval, etc. Album de vingt-quatre lithographies. *Paris, Maison Martinet, s. d.*, in-4 br., couverture illustrée.

> Belles épreuves du 1er tirage.

ROBAUT (F.)

306.   Portraits, tous datés de 1833. Vingt-une pièces.

Épreuves avant la lettre, sur blanc et sur Chine.

ROQUEPLAN (Camille)

307.   Album de douze sujets, composés et dessinés sur pierre. *Publié à Paris, par Ch. Motte, s. d.* (1830), in-4, cart. avec la couverture illustrée de publication. (H. B. 10-22).

Belles épreuves sur papier de Chine, coloriées.

308.   Album de douze dessins composés et dessinés sur pierre. *Imprimé et publié à Paris, chez Ch. Motte*, 1830, in-4, cart. avec la couverture illustrée de publication. (H. B. 23-35).

Belles épreuves coloriées.

SCHEFFER (Jean-Gabriel),

309.   Petits travers. Suite de douze lithographies. *A Paris, chez Chaillou, s. d.*, in-4, cart

Belles épreuves coloriées, grandes marges.

SIROUY (Achille)

310.   Au désert, d'après Rosa Bonheur. — Femme de Pêcheur, d'après Isabey, deux lithographies.

Belles épreuves, la seconde avant toutes lettres avec dédicace.

311.   Les Moines quêteurs, d'après Vibert. Lithographie in-fol.

Épreuve sur papier de Chine, signée par les artistes.

312.   Souvenirs du château de Boursault. Suite de dix lithographies, in-4. *Imp. Aug. Brey.*

Épreuves d'essais sur papier teinté, à toutes marges.

TURNER (Charles).

313. *Malibran* (Mme). Rôle de Desdemone (Othello), gravé à la manière noire, d'après Decaisne, in-4.

Belle épreuve.

VAN HALEN (F).

314 *Zurbano* à cheval, 1845.

Belle épreuve sur papier de Chine.

VERNET (Carle).

315. L'Abreuvoir. (H. B. 408). — Le Sultan Mehemet Ali et son escorte. Deux lithographies originales.

Belles épreuves à toutes marges.

VERNET (Horace).

316. Malle-poste. — A Stage Coach. Deux lithographies in-fol. en larg. (H. B. 94, 95).

Très belles épreuves, marges.

317. Croquis lithographiques, 1818. Sujets de chasse : Titre : Commissionnaire portant un crochet. — Tête de chien braque (H. B. 97). — Chien en arrêt (96). — L'éducation. — Garde au bois avec un chien courant (99). — Le Braconnier (104). — Lever du valet de limier (111). — Allons bonne chance (107). — Ça rapproche (109). — Après, Après là, mes beaux ! (108). — Hallali (110). — Rapport du valet de limier (112). — Hallali du cerf (113). — Battue au bois 105). — Battue en plaine (106). — Garde furetant à blanc (103). — Départ pour la chasse au Marais. — Chasse au Marais. — Chasseur africain. — Chevaux de poste anglais (114). — Chevaux de ferme (115). Vingt-une lithographies, in-4 cart.

Belles épreuves coloriées, on y a joint l'atelier d'Horace Vernet, épreuve avant la lettre coloriée, et une épreuve biffée du garde chasse rentrant un chien au chenil, ensemble 23 pièces.

VERNET (d'après Horace).

318. Incroyables et merveilleuses de 1814 Suite complète de trente-
     trois costumes in-4, gravés par Gatine et numérotés de 1
     à 33. (H. B. 228).

>   Superbes épreuves coloriées et avec grandes marges, très
>   rare en aussi belle conservation.

VERNIER (Emile).

319. Trouville.— Dauville et ses environs. Six lithographies, in-4
     en larg., d'après Eugène Boudin, 1865.

>   Épreuves d'essais avant toutes lettres, avec remarques et
>   griffonnis sur les marges.

VUES

320. Souvenir du temps passé. Recueil de quarante-six dessins ori-
     ginaux représentant des vues de divers départements et de
     l'étranger, pet. in-fol. cart.

>   A la mine de plomb, rehaussé d'aquarelle.

WATTIER (Emile).

321. L'Echelle conjugale 1ʳᵉ et 2ᵉ partie. Suite de seize lithogra-
     phies, in-4. *A Paris, chez Sazerac et Duval*, 1824.

>   Très belles épreuves coloriées, à toutes marges, dans les
>   couvertures de publication.

WINTERHALTER (d'après)

322. *Louis Philippe Iᵉʳ. — Orléans* (Ferd. duc d'). *— Comte de
     Paris.* Trois portraits gravés par Prudhomme et Pannier.

>   Belles épreuves sur papier de Chine, une est avant la lettre

Dessins-Aquarelles

ALLONGÉ

323. Paysage par un temps de neige.

> Très belle aquarelle. Signée et datée, 1886.

> (H. 0,49 — L. 0,33)

324. Etude de bouleaux.

> Aquarelle. Signée.

> (H. 0,33 — L. 0,25).

BARYE.

325. Deux lionceaux.

> Croquis à la mine de plomb, signé.

> (H. 0,11 — L. 0,15).

326. Eléphant mort.

> Croquis à la mine de plomb. Signé.

> (H. 0,14 — L. 0,21).

327. Lynx.

> Croquis à la mine de plomb. Signé.

> (H. 0,07 — L. 0.19).

328. Taureau, Lynx et Axis.

> Feuille de croquis à la mine de plomb.

> (H. 0.20 — L. 0,29).

BELLANGÉ (Hypolite).

329. Le curé de campagne.

> Très belle aquarelle. Signée *Hle Bellangé*.

> (H. 0,31 — L. 0,39)

330. Récits militaires.

> Aquarelle. Signée à droite *Hy Bellangé 1844*.

> (H. 0,19 — L. 0,21).

BELLANGÉ (Hippolyte).

331. Scènes de la Révolution.

Douze aquarelles. Signées.   (H. 0,11 — L. 0,08).

332. Tambour blessé.

A la pierre noire. Signé.   (H. 0,48 — L. 0,41).

333. Retour du soldat.

Belle aquarelle.   (H. 0,15 — L. 0,12).

BERTHOMIEU (A.)

334. Portrait de femme.

Crayon noir. Signé.   (H. 0,38. — L. 0,30).

BOILLY (Attribué à Louis)

335. Tête de jeune fille, de profil à droite.

Crayon noir.   (H. 0 20. — L. 0,15).

BORELLE

336. Napoléon 1er et grenadiers.

Aquarelle signée. *Borelle 1816*.   (H. 0,24. — 0,17).

BOULANGER (Elise)

337. Femme et enfant.

Aquarelle, signée.   (H. 0,22 — L. 0,16).

CHARLET (Nicolas-Toussaint)

338. Grenadier de la garde impériale s'appuyant sur un pan de
mur.

A la plume rehaussé de gouache, signé. A été gravé dans la
série : Suite des dessins à la plume à l'usage des élèves des
Ecoles spéciales.... (De la Combe 1034).   (H. 0,30. — L. 0,21).

CHARLET (Nicolas-Toussaint)

339. Le Petit écolier.

Sépia rehaussé de blanc.

(H. 0,22. — L. 0,16).

340. Cuirassier, grande tenue.

Aquarelle.

(H. 0,26. — L. 0,17).

341. Voltigeur en goguette.

Aquarelle.

(H. 0,19. — L. 0,14).

342. Chevaux attelés.

Crayon noir et aquarelle.

(H. 0,22. — L. 0,28).

343. Route de Bayonne à Orthez. — Habitation dans les montagnes.
Deux aquarelles.

(H. 0,24. — L. 0,31).

CHASSERIAU (Théodore)

344. Femme et enfant.

Lavis rehaussé de gouache. Signé et daté 1840.

(H. 0,24. — L. 0,19).

CICERI (Eugène)

345. La Reine-Blanche (forêt de Fontainebleau). 1848.

Belle aquarelle. Signée et datée.

(H. 0,17 — Lr 0,24).

346. Plateau du domaine de Marlotte ?

Crayon noir rehaussé de gouache. Signé et daté 50.

(H. 0,30. — L. 0,48)

DAVID D'ANGERS

347. Portrait de A. Jérémie Bentham.

Pierre noire, signé P. J. David, 1828.

(H. 0,29. — L. 0,21).

DECAMPS (Al. Gab.)

348. Paysage avec pont rustique.

Esquisse peinte, signée des Initiales.

(H. 0,12. — L. 0,19).

349. Jeux d'enfants. — Une rue en Orient. — Paysage. Trois dessins.

A la mine de plomb et à l'aquarelle.

DELACROIX (Eugène)

350. Profil de tête d'homme, bas-relief.

Crayon noir ; cachet de la vente du maître.

(H. 0,25. — L. 0,20).

351. Etude de cheval.

A la plume ; cachet de la vente du maître.

(H. 0,13. — L. 0,20).

DETAILLE (Edouard)

352. Grenadier de la garde.

Aquarelle rehaussée de gouache. Signé : *E. Detaille 1880.*

H, 0,23. — L. 0,16).

353. Etudes de militaires, Français et Prussiens. Sept croquis sur une feuille.

A la plume.
Signé des initiales.

(H. 0,23. — L. 0,20).

DÉVÉRIA (Achille)

354. Jeune femme couchée sous un arbre.

Sépia.

(H. 0,13. — L. 0,17).

DÉVÉRIA (Eugène)

355. Portrait de femme.

Belle aquarelle. Signée : *E. Deveria 1822.*

(H. 0,17. — L. 0,13.

DORÉ (Gustave)

356. Burgos.

> A la plume. Signé des initiales et daté : **7 mai 1860, dimanche soir.**
>
> (H. 0,13. -- L. 0,23).

ELLIS (G. Ed.).

357. Paysage, soleil couchant.

> Aquarelle.
>
> (H. 0,18 — L. 0,24).

GAVARNI

358. Portrait d'homme.

> A la plume. Signé de l'Initiale et daté **22 nov. 58.**
>
> (H. 0,23 — L. 0,18).

GÉRICAULT (Théodore)

359. Chevaux avant la course.

> Aquarelle. Signée et datée **1823.**
>
> (H. 0,13 — L. 017).

360 Feuille d'études. Tigre dévorant un homme, et étude de cheval.

> Crayon noir.
>
> (H. 0,21 — L. 0,30)

361. Etude de têtes coupées.

> Crayon noir.
>
> (H. 0,21 — L. 0,28).

GRANDVILLE (J. J.).

362. Composition satyrique sur Louis Napoléon.

> A la plume et à l'aquarelle.
>
> (H. 0,18 — L. 0,24),

363. Les Papillons ou métamorphoses des peuples de l'air.

> Huit dessins à l'aquarelle.

GUDIN (Théodore).

364. Retour d'un bateau de pêche.

> Sépia, avec cette légende : *En échange d'un Voyage au fond de la mer. T. Gudin 1849.*
>
> (H. 0,22 — L. 0,30).

HERVIER

365 Cloître Saint-Pierre. 1er mars 1871.
     Aquarelle signée.

(H· 0,12 — L. 0,18).

HESSE (Auguste).

366. La flagellation.
      Sépia signée : *Auguste Hesse.*

(H. 0,21 — L. 0,15).

ISABEY (attribué à J.-B.).

367. Portrait de Madame, Duchesse d'Angoulême.
      Aquarelle ovale.

(H. 0,12 — L. 0,09).

ISABEY (Eugène).

363. Barques échouées.
      Crayon noir. Signée : *E. Isabey.*

(H. 0,15 — L. 0,25).

JACQUE (Charles).

369. Deux cochons.
      Beau dessin au crayon noir.

(H. 0,19 — L. 0,33).

370. Paysages. Animaux. Scènes militaires.
      Six croquis.

JOUAMY (H. Q.)

371. Chevaux de course.
      Aquarelle.

(H. 0,14. — L 0,23)

LALANNE (Maxime)

372. Vue de la rade et de la ville de Bordeaux, prise du pont de fer.
      Important dessin au crayon noir et à l'estompe. Signé et
      avec envoi autographe.

(H. 0,45. — L. 0,61).

373. Maison, rue Eau-de-Robec, à Rouen.
      Beau dessin à la mine de plomb. Cachet de la vente de
      l'artiste.

(H. 0,25. — L. 0,19).

374. Le Lac du Bois de Boulogne.
      Crayon noir. Signé.

(H. 0,18. — L. 0,31).

LANGLOIS (Mlle Espérance)

375. **Vieille femme et enfant.**

Très belle aquarelle. Signée.

(H. 0,31. — L. 0,24).

LÉVIS (J.-B)

376. **Cheval blanc à la porte du maréchal-ferrant.**

Aquarelle. Signée : *J.-B. Lévis.*

(H. 0,22. — L. 0,27)

MAUZAISSE (Jean-Baptiste)

377. **L'Embarquement.**

Sépia. Signé.

(H. 0,20. — L. 0,27)

MONNIER (Henry)

378. **Portrait d'acteur.**

Crayon noir. *Bruxelles, le 27 mars 1833.*

(H. 0,21. — L. 0,18).

379. **Solliciteur.**

Crayon noir rehaussé, signé et daté 14 octobre 1839.

(H. 0,22. — L. 0,30).

380. **Tête d'acteur.**

Beau dessin au crayon noir. Signé et daté 5 octobre 1866.

(H. 18. — L. 0,12).

381. **Trompe l'œil.**

Plume et aquarelle, rehaussé de gouache. Signé et daté 22 août 1873.

(H. 0,20. — L. 0,20).

382. **Portrait d'homme assis.**

Aquarelle. Signée avec dédicace.

(H. 0,24. — L. 0,14).

383. **Costume de Valet.**

Aquarelle. Signée.

(H. 0.22. — L. 0,14).

MONNIER (Henry)

384. Feuille de croquis. Cinq études de têtes.

Plume et crayon noir.　　　　(H. 0,35. — L. 0,43).

385. Etude d'homme assis.

Crayon noir.　　　　(H. 0,18. — L. 0,12).

386. Etude de femme.

Crayon noir. Signé.　　　　(H. 0,24. — L. 0,15).

387. Une grisette.

Petite aquarelle.　　　　(H. 0,11. — L. 0,08).

388. Etudes de chiens.

Trois dessins à la plume.

MORIN (Edmond)

389. Paysage.

Aquarelle. Signée : *E. Morin, Dampierre, mars 1871.*
(Collection Monginot),　　　　(H. 0,27. — L. 0,44).

390. Barques échouées.

Belle aquarelle. Signée (Collection Monginot).
　　　　(H. 0,24. — L. 0,35).

NANTEUIL (Célestin).

391. Affiches pour Lara et Lalla-Roukh.

Deux dessins, crayon noir et estompe. Cachet de la vente de
l'artiste.
　　　　(H. 0,57. — L. 0,44).

392. La famille du contrebandier calabrais.

Crayon noir, signé et dédié à Edm. Hédouin, 1835.
　　　　(H. 0,45. — L. 0,60).

NANTEUIL (Célestin)

393. Vieillard buvant.

> Crayon noir et estompe. Cachet de l'artiste avec légende :
> *Route de Marseille, 15 nov. 59.*
>
> (H. 0,24. — L. 0,18).

NEUVILLE (Alph. de).

394. Officier en observation.

> Croquis à la mine de plomb. Cachet de l'artiste.
>
> (H. 0,14. — L. 0,08).

RAFFET (Auguste).

395. Officier de cuirassiers (1812).

> A la plume. Signé et dédié : *A mon ami Bry.*
> Cabinet de M. Auguste Bry.
>
> (H. 0,14. — L. 0,083).

396. Sur le Danube. Personnages assis à l'arrière d'un bateau

> Crayon noir et lavis de sépia. *Cachet de San Donato.*
>
> (H. 0,21, — L. 0,25).

397. Croquis d'habillements, 1830 à 1835.

> Cinq études au crayon sur une feuille.
>
> (H. 0,18. — L. 0,24).

398. Etudes de chevaux, 1830 à 1840.

> Six dessins au crayon noir et aux crayons de couleur.

399. M. Legrand, chef d'escadron de spahis à Constantine.

> Deux études à l'aquarelle sur une feuille (cachet de la vente
> de l'artiste).
>
> (H. 0,15. — L. 0,25).

400. Officier de bersaglieris.

> A la plume, signé : *Raffet, 1849.* Cachet de la vente de
> l'artiste.
>
> (H. 0,26. — L. 0,18).

ROBAUT (F.).

401. Portrait d'homme.

> Belle aquarelle sur lithographie.
>
> (H. 0,18. — L. 0,15).

SAINT-MARCEL (Edme-Cabin)

402. **Lion couché.**
Plume et aquarelle, signé.

(H. 0,08 — L. 0,14).

VERNET (Carle).

403. **Trompette de guides à cheval.**
Aquarelle signée à droite.

(H. 0,28. — L. 0,21).

YVON (Adolphe).

404. **Feuille de croquis, études de têtes.**
Crayon noir.

(H. 0,25. — L. 0,35).

Livres illustrés

FRANÇAIS & ANGLAIS

RECUEILS & ALBUMS

405. **Album** par Cham, Darjou, Pelcoq et Charles Vernier. Vingt-cinq lithographies politiques, in-4 br.
> Belles épreuves, avec la couverture de publication.

406. **Album du Journal pour rire** (1848-1849), *chez Aubert et Cie*. 2 albums in-4 obl., br.
> Exemplaire du 1er tirage avec les couvertures illustrées de publication.

407. **A Tour through Paris**. Illustrated with twenty-one coloured plates, accompanied with descriptive letter-press. *London, William Sains, s. d.*, in-4, dem.-mar. rouge, t. d.
> Très belles épreuves en couleur. Exemplaire bien conservé.

408. **Beautés du Bosphore** (Les), par Miss Pardoe, orné d'une suite de Vues de Constantinople et de ses environs, d'après les dessins originaux de Bartlett. *Londres, Georges Virtue*, in-4, dem.-rel. mar. br. avec coins, n. rog.
> Jolies gravures sur acier.

409. **Byron** (Lord) (Finden's Landscape illustrations to Mr Murray's fisrt complète and uniform édition of the Life and Works of). *London, John Murray*, 1832. 24 livraisons.
> Belles illustrations anglaises gravées sur acier. Chaque livraison contient 5 planches.

410. **Canova** (Œuvres choisies de). Texte explicatif par H. de Latouche. *Paris, Audot*, 1829, gr. in-8, dem.-maroq. n. rog.
> Orné de 45 planches gravées par Reveil.

LIVRES ILLUSTRÉS

411. **Caricature** (La) morale, religieuse, littéraire et scénique. Journal fondé et dirigé par Ch. Philippon. *Paris, Aubert,* 1831-1835, 10 tomes en 5 vol. in-4, dem.-rel. chag rouge (piqûres d'humidité).

> La collection comprend 524 pl. noires et coloriées, dessinées par Daumier, Charlet, Grandville, H. Monnier, Raffet, etc , numérotées de 1 à 524, et publiées en 251 livraisons.

412. **Cruikshank** (Georges). Eccentric Excursions or literary and Pictorial sketches of countenance character and country in different parts of England and South Wales. Interspersed with curious anecdotes. Embellished with upwards of one, Hundred Characteristic and illustrative Prints, by. G. M. Woodward. *London, Published by R. S. Kirby, s. d.,* in-4, dos et coins de maroq. rouge, t. d., n. rog.

> Très bel exemplaire, avec planches coloriées, rare.

413. **Delacroix** (Eugène). Faust, tragédie de M. de Gœthe, traduite en français par M. Albert Stapfer, ornée d'un portrait de l'auteur et de dix-sept lithographies, par Eugène Delacroix (58 à 75). *A Paris, chez Ch. Motte,* 1828, in-fol., dem.-rel. chag. rouge.

> Belles épreuves sur papier de Chine.

414. — Le même ouvrage, pet. in-fol., dem.-rel. toile av. coins, ébarbé.

> Epreuves sur blanc, le portrait est sur papier de Chine, et la couverture a été conservée.

415. **Dickens** (Charles). Bleak house with illustrations by H. K. Browne. *London, Bradbury and Evans,* 1852. Vingt livraisons in-8 br. avec couvertures.

> Exemplaire du 1er tirage.

416. **Dickens** (Charles). Our Mutual Friend. with illustrations by Marcus Stone. *London, Chapman and Hall, May 1864, to novembre 1865.* Dix-neuf livraisons in-8 brochées avec couvertures.

> Exemplaire du 1er tirage. Nombreuses illustrations sur bois. Rare.

LIVRES ILLUSTRÉS

417. Duplessis-Bertaux (Jean). Histoire de l'Enfant prodigue en douze tableaux, tirée du Nouveau Testament. 1815. *Paris, de l'imp. de P. Didot l'ainé*, 1816, in-4, demi-rel. maroq. ébarbé.

Epreuves avant la lettre.

418. Duplessis-Bertaux. Recueil de cent sujets de divers genres dessinés et gravés à l'eau-forte. *Paris, chez les Editeurs*, 1814, in-4 obl. dem.-rel. mar rouge, n. rog.

Bel exemplaire avec les planches avant la lettre.

419. Excursions Daguerriennes. Vues et monuments les plus remarquables du globe. *A Paris, chez Lerebours*, 1841, in-4, dem.-rel. chag. r. av. coins. (Cent quatre-vingt-neuf pièces in-4 avec le titre).

Très belles épreuves coloriées. Bel exemplaire.

420. Flameng (Léopold). Paris qui s'en va et Paris qui s'en vient. *A Paris, chez Cadart*, gd in-4 dem.-rel. mar. bleu, av. coins, ébarbé.

Bel exemplaire, orné de vingt-six eaux-fortes.

421. Galerie dramatique ou acteurs et actrices célèbres qui se sont illustrés sur les trois grands théâtres de Paris. Orné de soixante portraits, par J. G. de Saint-Sauveur. *Paris, chez Hocquart*, 1809. 2 vol. in-18, cart. toile rouge av. coins, n. rog.

Bel exemplaire avec portraits en couleur.

422. Gavarni in London. Sketches of life and character, with illustrative essays by popular writers. Edited by Albert Smith. *London, David Bogue*, 1849, in-8 cart. toile, tr. d.

423. Giacomelli (H.). Raffet, son œuvre lithographique et ses eaux-fortes. *Paris, Bureaux de la Gazette des beaux-arts*, 1862, in-8 br.

Tiré à 300 exemplaires.

LIVRES ILLUSTRÉS

424. Grose (François). Principes de Caricatures, suivis d'un essai sur la peinture comique, traduits en français avec des augmentations. *Paris, A. Renouard,* 1802, in-8, cart. dem.-rel. v.

Un portrait et 30 planches très curieuses.

425. Hardy (J). A Picturesque and descriptive Tour in the mountains of the High Pyrénées, comprising twenty four views, of the most interesting scènes, from original drawings taken on the spot ; with some account of the Bathing establisments in that department of France. *London, Publisted by A. Ackermann,* 1825, in-8 mar. grenat.

Joli recueil sur les Pyrénées contenant de belles gravures en couleur finement gouachées.

426. Keepsake. The Tourist in France, by Thomas Roscoe, illustrated from drawings by J. D. Harding. *London, Jennings and Chaplin,* 1834, in-8, chag. v., tr. d.

Jolies vignettes sur acier.

427. Keepsake. The Tourist in Italy by Th. Roscoe. Illustrated from drawings by J. D. Harding. *London, Jennings and Chaplin,* 1833, in-8 rel. bas., t. d.

Jolies vignettes sur acier.

428. Keepsake. The Tourist in Portugal by W. H. Harrison, illustrated from painting by James Holland. *London, Jennings,* 1839, in-8, chag. v., tr. d.

Jolies vignettes sur acier.

429. Keepsake. The Tourist in Spain, Andalusia, by Thomas Roscoe, illustrated from drawings by David Roberts. *London, R. Jennings and Cᵒ,* 1836, in-8, chag. v , tr. d.

Jolies vignettes sur acier.

430. Keepsake. The Tourist in Spain, Biscay and the Castiles, by Thomas Roscoe. Illustrated from drawings by David Roberts. *London, Robert Jennings and Cᵒ,* 1837, in-8, chag. v., tr. d.

Jolies vignettes sur acier.

431. **Keepsake**. The Tourist in Spain, Granada, by Thomas
Roscoe. Illustrated from drawings by David Roberts.
London, Jennings and C°, 1835, in-8, chag. v., tr. d.

> Jolies vignettes sur acier.

432. **Keepsake**. The Tourist in Spain and Morocco, by Thomas
Roscoe. Illustrated from drawings by David Roberts. *London, R. Jennings and C°,* 1838, in-8, chag. v., tr. d.

> Jolies vignettes sur acier.

433. **Lanterne magique d'Aubert** (La). Pièces curieuses,
comiques, spirituelles stupides et autres, par V. Adam,
Alophe, Cham, Dollet, Eustache, Quillenbois, etc. *Paris,
Aubert, s. d.,* in-4 br., couv. illustrée.

> Recueil de soixante-douze lithographies. (Petites piqûres
> d'humidité).

434. **Laugier** (A.) et **Carpentier**. Vie anecdotique de Louis -
Philippe, Roi des Français. *Paris, Guiraudet et Ch.
Jouaust,* 1837, in-8 v rouge, avec armes sur les plats,
tr. d.

> Vignettes romantiques, gravées par Porret, épreuves sur
> papier de Chine.

435. **Lefebvre-Duruffé** (N.). Ports et Côtes de France de
Dunkerque au Havre. *A Paris, chez J. F. Ostervald,* 1833,
in-4, cart. toile ébarbé.

> Beau recueil contenant quarante vues en couleur, très
> belles epreuves.

436. **Leitch-Ritchie** (Keepsake). Travelling Sketches on the
Sea coasts of France with beautifully finished engravings
from drawings by Clarkson Stanfield. *London, Longmann
Rees,* 1834-1835. 2 vol. in-8 rel. chag. rouge, t. d.

> Belles vignettes sur acier, tirées sur papier de Chine.

437. **Leitch-Ritchie**. Walter Scott et les Ecossais, traduit de
l'anglais ; orné de vingt-et-une gravures d'après les dessins de Cattermole. *Paris, Desenne,* 1835, in-8, demi-rel.
v. bl., t. d., n. rog.

> Bel exemplaire. Jolies vignettes sur acier.

438. **Londres au XIX siècle.** Suite de gravures des nouveaux monuments et embellissements, par les artistes les plus éminents d'après les dessins originaux, pris d'après nature, spécialement pour cet ouvrage, par M. Thom H. Schepherd. *London Jones and C° 1827*, g^d in-8 cart.

> Texte anglais, ouvrage orné de 72 planches sur acier.

439. **Marlet.** Nouveaux tableaux de Paris, cinquante-huit lithographies, in-4, en larg. cart.

> Avec le texte explicatif, (mouillures).

440. **Maxwell** (W. H.) The Fortunes of Hector O'Halloran and his man Marc Antony O'Toole, With illustrations by J. Leech. *Londres, Richard Bentley, s. d.*, in-8, demi-rel. av. coins (vingt-sept planches hors texte).

> Bel exemplaire.

441. **Métamorphoses d'Arlequin** (Les). Parades jouées sur le Théâtre Français. *Paris (Lithographie de Langlumé) 1828*, in-4, demi-rel. chag. avec c.

> Suite de douze lithographies coloriées. Très belles épreuves à toutes marges.

442. **Musée pour rire** (Le). Dessins par tous les caricaturistes de Paris; Daumier, Gavarni, Bouchot, etc. *Paris, chez Aubert 1839-1840)*, 3 tomes en 2 vol. dem.-rel., chag. t. d. (Rel. de l'époque).

> Bel exemplaire dans sa première reliure. Bien complet des titres et tables.

443. **Myosotis** (Le). Keepsake des jeunes personnes, mélange de littérature, musique, dessins. *Paris, A. Romagnési, s. d.*, in-4 cart. de l'Editeur.

> Album de musique, rare, avec frontispices et encadrements de Célestin Nanteuil.

444. **Paris Comique.** Revue Amusante des caractères, mœurs, modes, folies, ridicules, excentricités, niaiseries, bêtises, sottises, voleurs et infàmies parisiennes. *Paris, chez Aubert, s. d.*, in-4, demi-rel. chag.

> Recueil contenant vingt lithographies coloriées, par MM. Bouchot, Cham, Daumier, Gavarni, Grandville et autres artistes du musée Philippon.

445. **Petit** (M.). Histoire de la Révolution de 1830. Ornée de quarante lithographies avec portraits du Roi des Princes et des principaux personnages, dessinés et lithographiés d'après nature *Paris, chez l'auteur 1830*, in-fol. demi-rel. mar. bl. avec coins ébarbé.

> Très bel exemplaire avec les lithographies coloriées.

446. **Pyne** (W. H.) The costume of great Britain, designed, en
graved ant writters by W. H. Pyne. *London, printed for
William Miller* 1804, in-4, rel. maroq. bl. tr. d. (rel.
anc.)

> Bel exemplaire du 1" tirage de ce livre anglais illustré en
> couleur.

447. **Raffet** (Aug.) Album Lyrique composé de douze romances,
chansonnettes et nocturnes, dédié à S. A. R. la Princesse
Louise, par Panseron. *Paris, Schonenberger, s. d.*, in-4
obl., cartonnage de l'Editeur.

> Très bel exemplaire, sur les douze lithographies, neuf sont
> de Raffet. (H. G.) 103-104-105-106-111-112-113-114-115). Deux sont
> signées Bardel et la dernière sans nom d'artiste.

448. **Roscoe** (Thomas). The Tourist in Switzerland and Italy,
illustrated from drawings by S. Prout esq. *London, Robert
Jennings 1830*, in-8 cart. t. d.

> Jolies vignettes sur acier.

449. **Robert Macaire** (Les Cent et un), composés et dessinés
par H. Daumier. Sur les idées et les légendes de M. Ch.
Philippon, réduits et lithographiée par M M***, 2 vol. in-4,
demi-bas, v.

> Exemplaire de premier tirage.

450. **Rowlandson** (Thomas). Chesterfield travestié ; or school for
modern manners, Embellished with ten caricatures, engra-
ved by Woodwart, from original drawings by Rowlandson.
*London, Printed by T. Plummer for Thomas Tegg.,
1808*, in-16, veau fauve, n. rog., couv. conservée.

> Très bel exemplaire orné de dix caricatures en couleur,
> rare.

451. **Rowlandson** (Thomas) (The English Dance of Death from
the desings of) with métrical illustrations by the author of
doctor Syntax. *London, Ackermann, 1815-1816*, 2 vol.
in-8 n. rog., dans le cartonnage de l'éditeur.

> Très bel exemplaire du 1er tirage des jolies gravures en
> couleur de Rowlandson, rare.

452. **Rowlandson**. The Pleasures of Human life in a dozen dis-
sertations with five illustrative etchings and two head
pièces. *London, Published by Longman Hurst and C°,
1807*, in-12, dem.-rel. mar. grenat, dos et coins n. rog.

> Bel exemplaire avec figures coloriées.

453. **Sauvan** (M.). Pittoresque Tour of the Seine, from Paris, to sea, with particulars historical and descriptive, by M. Sauvan. Illustrated with twenty four Highly finished and coloured engravings, from drawings by A. Pugin and J. Gendall and accompanied by a map. *London Published by R. Ackermann*, 1821, in-4, dem.-rel. mar. vert av. coins, ébarbé.

> Très bel exemplaire avec planches en couleur, cart.

454. **Sazerac** (H.-L.). La Siesta (Keepsake). *Paris, H. Mandeville, s. d.*, in-4, cart. de l'éditeur.

> Belles gravures sur acier.

455. **Segard and Testard** (MM.). Picturesques views of public edifices in Paris, aquatinted in imitations of the drawings, by M. R. Rosenberg. *London, printed by J. Moyes*, 1814, in-4, dem.-rel. mar. bl. av. coins, t. d., n. rog.

> Très bel exemplaire avec dix-neuf vues en couleur.

456. **Shakespeare**. Gallerie zu Shakespeare's Dramatischen werken. Im umrissen erfunden und gestochen von Moritz Retzsch. *Leipzig*, 1847, in-4 obl., dem. rel.

> Nombreuses gravures au trait.

457. **Shakspear's works**. illustrations of Shakspear's works containing one hundred and fifty engravings on steel and wood, adapted to all editions. *Paris, Baudry's European Library*, 1839, in-8 br. couverture.

> Vignettes romantiques.

458. **Shakespear's works** (Illustrations to) adapted to all Editions. *Paris, Baudry*, 1839, in-8 br.

> Cent cinquante gravures sur bois et sur acier.

459. **Turpin de Crissé** (Comte T.). Souvenirs du vieux Paris, exemple d'architecture de temps et de styles divers. *Paris, imprimerie de E. Duverger*, 1835, in-fol., cart. de l'éditeur.

> Exemplaire du 1er tirage, orné de trente lithographies sur papier de Chine représentant les beaux monuments anciens de la capitale.

460. **Types** et caractères anciens, d'après des documents peints ou écrits, dessins par Fragonard et Dupey, texte par Mauzy. *Paris, Delloye*, 1841, in-4, dem.-rel.

> Lithographies en couleur et vignettes dans le texte.

GRANDE IMPRIMERIE DU CENTRE. — HERBIN, MONTLUÇON

www.ingramcontent.com/pod-product-compliance
Ingram Content Group UK Ltd.
Pitfield, Milton Keynes, MK11 3LW, UK
UKHW031808170726
13836UKWH00003B/1263